Aprender a leer. Mis primeras sílabas y palabras. Volumen 1
D. Carlini

Todos los derechos reservados

Cualquier forma de reproducción, distribución, comunicación pública o transformción de esta obra solo puede ser realizada con la autorización del autor, salvo excepción prevista por la ley.

© 2016, D. Carlini
ISBN: 978-1539198956

Ilustración de portada: Clara Spinassi

APRENDER A LEER

Mis primeras sílabas y palabras

VOLUMEN 1

Sobre la colección

La lectura es una herramienta esencial para el desarrollo de nuestros hijos y, por ello, incentivar y ayudar al niño a aprender a leer es el mejor regalo que podemos hacerle durante sus primeros años de vida.

La colección **Aprender a leer** pone a disposición de padres y equipos docentes el material necesario para garantizar el progreso del niño, desde sus primeros pasos hasta la lectura fluida.

Los diferentes volúmenes que conforman la colección combinan, desde un enfoque holístico, moderno y divertido, lo mejor de los métodos de introducción a la lectura más ampliamente contrastados (sintético y analítico o global), facilitando el aprendizaje y gusto por la lectura del niño.

El objetivo de la colección no es otro sino que el niño consiga leer con fluidez y soltura palabras formadas por cualquier sílaba, comprendiendo inmediatamente su significado.

Aunando el tradicional método silábico con el trabajo con imágenes y palabras completas, nuestro sistema facilita los mecanismos necesarios para que el niño progrese rápidamente en el proceso lector al tiempo que refuerza la comprensión de conceptos. Esta aproximación permite comenzar la enseñanza de la lectura con nuestro sistema a niños de edades comprendidas entre los 3 y los 6 años.

Haber ayudado en sus primeros pasos a miles de pequeños lectores en todo el mundo es, sin duda, nuestro mayor éxito.

Esperamos que, con nuestra modesta contribución, sus hijos sean los siguientes.

Cómo usar esta guía

Aprender a leer es un proceso que puede ser largo. La regularidad y constancia es un requisito imprescindible y por ello aconsejamos practicar unos minutos cada día.

Igual de importante que la constancia en el ejercicio es su componente lúdica: el niño debe percibir el proceso de aprender a leer como un juego, como un momento divertido que sus padres o educadores comparten con él.

El trabajo debe plantearse en todo momento desde la sensación de éxito: el niño debe sentir que cada día aprende algo nuevo o domina mejor lo ya aprendido. Si se da cuenta de que va ganando pequeñas batallas, ganará la guerra. Desde este punto de vista, el refuerzo positivo (*"lo has hecho muy bien"*, *"enhorabuena"*) es esencial.

Las correcciones (inevitables a lo largo del proceso) deben realizarse desde la paciencia. Un pequeño gesto facial del padre o profesor, un carraspeo o un *"no te he oído bien ¿puedes repetirlo?"* serán ayudas más que suficientes para que el niño actúe con más atención. Conviene que el adulto evite expresiones como: *"eso está mal"* o *"¡no!¡así no es!"*; pudiendo sustituirlas, por ejemplo, por indicaciones como: *"¿estás seguro?"*, *"¡fíjate otra vez!"* o *"¡míralo despacio!"*.

Nuestro método introduce frecuentes etapas de revisión. Estos pequeños pasos facilitan el progreso del niño consolidando lo aprendido y asentando cimientos seguros y firmes sobre los que se apoyarán los progresos y las dificultades de mayor grado que se abordarán posteriormente. Resultan por tanto imprescindibles para garantizar el avance del niño y deberemos dedicar el tiempo y atención que requiere completarlos adecuadamente.

Nuestras guías presentan sus contenidos tanto en letra cursiva enlazada (utilizada habitualmente en textos infantiles) como letra de imprenta no enlazada. Nuestro consejo es que en la iniciación del método se utilice un solo tipo de letra hasta que el alumno tenga soltura y que se utilice el tipo de letra de uso habitual en su propio contexto cultural y educativo.

Este primer volumen de la colección **Aprender a leer** introduce el conjunto inicial de sílabas que el niño debe dominar (sílabas directas de dos letras más comunes). Requiere que el niño conozca de antemano las letras del abecedario y pueda identificarlas con relativa soltura.

Cada sesión de trabajo (diaria a ser posible) no debería superar los 10 o 15 minutos. El desarrollo de cada sesión es sencillo:

- Dedique los primeros instantes de la sesión a revisar lo visto en jornadas anteriores.

- Pida al niño que identifique una a una las letras que forman cada una de las palabras presentadas. Ayúdele a crear las sílabas ("*la M con la A, MA*") y a partir de las sílabas la palabra completa ("*MA con NO, MA-NO*"), apoyándose en la ilustración para reforzar la asociación con el significado de la palabra.
- Una vez leída la palabra, insista una vez más en la construcción de la sílaba señalada en color rojo.
- Una vez terminada la secuencia de palabras de una página, pídale leer una vez más las sílabas en rojo.
- Dé por terminada la sesión al completar dos páginas.
- Dedique una atención especial a los ejercicios de revisión.

Perseverancia y paciencia son claves para tener éxito en el proceso. ¡Sea constante y observará avances rápidos en muy poco tiempo!

POLICÍA

*po*licía

PUERTA

*pu*erta

MONO

mono

MURO

muro

Revisión

PA pa	MA ma
PE pe	ME me
PI pi	MI mi
PO po	MO mo
PU pu	MU mu

CASA
casa

CEJA
ceja

CIELO
cielo

COPA

copa

 CUBO

cubo

D

 DADO

 DEDO

 DIANA

DOCTOR

*do*ctor

DUCHA

*du*cha

Revisión

CA	ca	DA	da
CE	ce	DE	de
CI	ci	DI	di
CO	co	DO	do
CU	cu	DU	du

S

SAPO

sapo

SETA

seta

SILLA

silla

TAZA

*ta*za

TESORO

*te*soro

TIJERAS

*ti*jeras

TOMATE

*to*mate

TUERCA

*tu*erca

Revisión

SA	sa	TA	ta
SE	se	TE	te
SI	si	TI	ti
SO	so	TO	to
SU	su	TU	tu

L

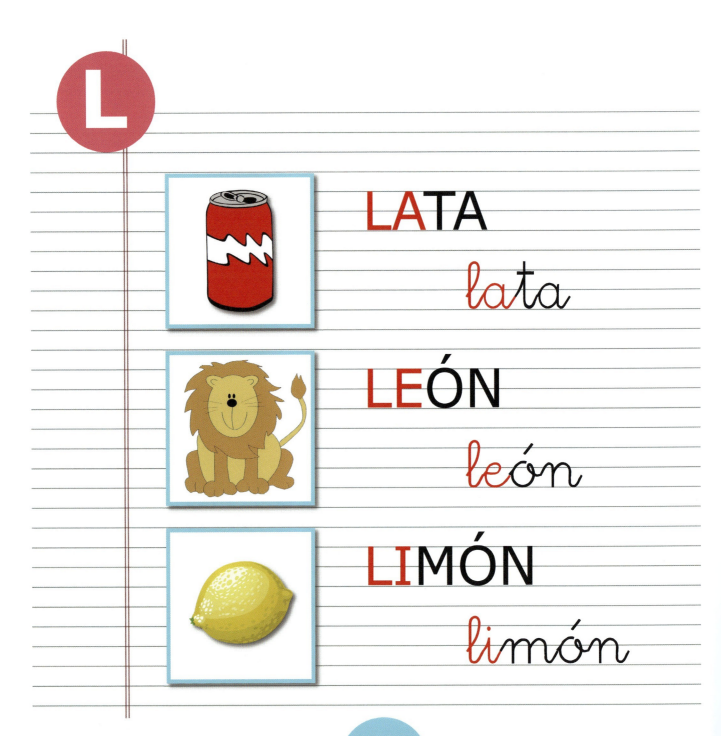

LATA
lata

LEÓN
león

LIMÓN
limón

LOBO

*lo**bo***

LUNA

*lu**na***

BARCO
barco

BEBÉ
bebé

BICI
bici

B

 BOCA
boca

 BURRO
burro

Revisión

LA la	BA ba
LE le	BE be
LI li	BI bi
LO lo	BO bo
LU lu	BU bu

¡A leer!

CAMA	cama

META	meta

LISO	liso

SOPA	sopa

¡A leer!

BESO   beso

LIMA   lima

PELO   pelo

CITA   cita

¡A leer!

BOLA   bola

CENA   cena

MULO   mulo

TASA   tasa

¡A leer!

BASE	base
COLA	cola
SEDA	seda
DUDA	duda

Printed in Poland
by Amazon Fulfillment
Poland Sp. z o.o., Wrocław